Werkstattunterricht

D1997647

Im Zoo

SCHUBI

Bernd Jockweg
Illustrationen: Anne Wöstheinrich

Kopierrecht

Autoren: Bernd Jockweg, Münster (D),

Beraterteam Deutschland: Dagmar Rottig, Hiltrud Schild, Cathrin Stracke

Beraterteam Schweiz und Redaktion:
Cornelia Hausherr, Winterthur
Susan Edthofer, Engelburg
Ursula Gnädinger, Schaffhausen

Illustrationen: Anne Wöstheinrich, Münster (D)
Grafische Gestaltung: Albert Bartel, Münster (D)

CH-8207 Schaffhausen

service@schubi.com
www.schubi.com

2. Auflage 2009

ISBN 978-3-86723-048-3

No 114 39

Vorwort des Autors

Wie unterrichtet man in einer Klasse, in der Kinder lernen, die bei der Einschulung schon Entwicklungsunterschiede von bis zu drei Jahren aufweisen? Wie geht man mit einer Klasse um, in der neben Kindern, die schon lesend in die Schule kommen, Kinder sitzen, die in ihrem Leben noch nie Erfahrungen mit Schriftsprache gemacht haben, weil zu Hause niemand liest oder schreibt?

Zu diesen Fragen kam an unserer Schule die Einführung des jahrgangsübergreifenden Unterrichts. Dadurch erweiterte sich die Spanne von unterschiedlichen Lernerfahrungen noch ein wenig mehr. Gleichschrittige Unterrichtswerke, die von einem „Durchschnittskind" ausgehen, waren hier endgültig keine Lösung mehr.

Alternative Unterrichtsformen waren gefordert, aber es fehlten bisher gerade für den Anfangsunterricht praktikable Unterrichtsmaterialien, die auf die unterschiedlichen Lernerfahrungen der Kinder, aber auch der Lehrerinnen und Lehrer Rücksicht nehmen.

So ist ein Konzept entstanden, das sowohl in jahrgangsübergreifenden Eingangsklassen 1/2 als auch in Jahrgangsklassen (1. oder 2. Schuljahr) erfolgreich eingesetzt wurde. Als einen Baustein dieses Konzeptes halten Sie eine Werkstatt in den Händen, die so aufgebaut ist, dass sie Angebote bietet für eine ganze Bandbreite von Kindern in ihrem ersten und zweiten Lernjahr: ob die Kinder erst am Anfang ihres Lernprozesses stehen oder ob sie schon vielfältige Erfahrungen gemacht haben, möglicherweise schon lesen und schreiben können.

Ich wünsche Ihnen und Ihrer Klasse mit der vorliegenden Werkstatt viel Vergnügen.

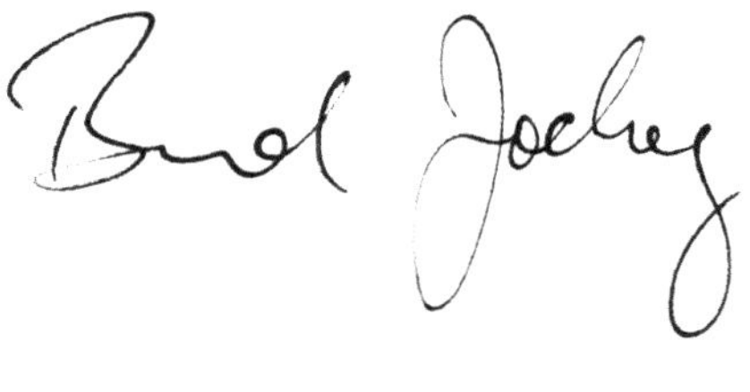

PS: Aus Gründen der Lesbarkeit und um nicht überall „die Lehrerin/der Lehrer" schreiben zu müssen, wird im Text nur die weibliche Form verwendet in der Hoffnung, dass sich die männlichen Kollegen genauso angesprochen fühlen.

Inhalt

Arbeitsblätter

Kontrolle und Zusätze

Anhänge und Extras

Themenübersicht aller Werkstätten

Titel	Möglicher Zeitraum
In der Schule (No 114 20)	Schulanfang (August)
Ich und meine Familie (No 114 30)	Schulanfang (August)
Auf dem Bauernhof (No 114 21)	September/Oktober
Der Apfel (No 114 31)	September/Oktober
Im Herbst – Der Igel (No 114 22)	Oktober/November
Unsere Umwelt (No 114 32)	Oktober/November
Die Sterne (No 114 23)	Dezember
Weihnachten (No 114 33)	Dezember
Märchen (No 114 24)	Januar/Februar
Licht und Schatten (No 114 34)	Januar/Februar
Magnetismus (No 114 25)	Februar/März
Kunst – Niki de Saint Phalle (No 114 35)	Februar/März
Bauen und konstruieren (No 114 26)	März/April
Meine Sinne (No 114 36)	März/April
Im Frühling (No 114 27)	April/Mai
Gesunde Ernährung (No 114 37)	April/Mai
Rund ums Rad (No 114 28)	Mai/Juni
Computer und Co. (No 114 38)	Mai/Juni
Wasser (No 114 29)	Juni/Juli
Im Zoo (No 114 39)	Juni/Juli

Lehrerkommentar

Grundsätzliches zum Werkstattunterricht

Methodische Überlegungen

Das Konzept des Werkstattunterrichts ist keine neue Erfindung. Schon seit langem lernen Kinder erfolgreich mit dieser Unterrichtsform: Wie in einer „richtigen“ Werkstatt arbeiten die Kinder an verschiedenen Aufgaben, aber an einem Thema. Dabei gibt es Aufträge, die von einzelnen Kindern bearbeitet werden und andere, die nur von Gruppen erfolgreich bewältigt werden können. Kinder übernehmen Verantwortung für bestimmte Bereiche, werden hier Experten und sind anderen behilflich. In anderen Bereichen nehmen sie die Hilfe von anderen Kindern an.

Rolle der Lehrerin

Die Rolle der Lehrerin ist im Werkstattunterricht eine gänzlich andere als beim traditionellen lehrerzentrierten Unterricht: Sie ist Beraterin, Organisatorin der Lernprozesse, unterstützt Kinder, die noch Schwierigkeiten haben, ihren eigenen Lernweg zu steuern.

Lernanfänger und Rechtschreibung

Für die Bearbeitung der Aufgaben durch die Lernanfänger ist das Konzept „Lesen durch Schreiben“ von Dr. Jürgen Reichen sinnvoll: Die Kinder notieren ihre Ergebnisse zunächst lautgetreu und werden im Laufe ihrer Schreibentwicklung nach und nach ihre rechtschriftlichen Fähigkeiten erweitern. Daher können sowohl Lehrerinnen als auch Eltern natürlich von Erstklässlern noch nicht erwarten, dass ihre Arbeitsergebnisse rechtschriftlich der Dudennorm entsprechen. Dies ist besonders wichtig zu betonen, falls Arbeiten als Hausaufgaben bearbeitet werden.

Elternarbeit

Wenn jemand das erste Mal mit einer Werkstatt arbeitet, kann auch ein Elternabend zu diesem Thema wichtig sein. Es kann zum Beispiel eine vorbereitete Werkstatt präsentiert werden, damit die Eltern sich einen Überblick über die verschiedenen Übungsformate und -inhalte verschaffen können. Wenn die Eltern wissen, dass in einer „Werkstatt“ nicht nur mit Hammer und Säge gebastelt wird, stehen sie der Öffnung des Unterrichts in der Regel erheblich aufgeschlossener gegenüber. Bei einer rechtzeitigen Bekanntgabe der verschiedenen Werkstattthemen für das kommende Schuljahr finden sich oft auch Eltern, die durch den Beruf Beiträge zum Thema leisen können.

Arbeitsweise, Einführung und Abschluss

Während einer Werkstatt wird es verschiedene Arbeitsphasen mit verschiedenen Sozialformen geben: Einzel-, Partner- oder Gruppenarbeiten zum Thema der Werkstatt. Nicht zu unterschätzen sind aber auch gemeinsame Phasen mit allen Kindern im Sitzkreis, in „Kinoreihen“ vor der Tafel oder auch in Kleingruppen. Zur Einführung des Themas bietet sich immer ein Gespräch mit den Kindern im Sitzkreis an, in dem das Thema abgesteckt wird. Dies kann zum Beispiel mit einem Cluster oder Brainstorming geschehen.

Gerade am Anfang ist es sinnvoll, den Kindern nicht alle Aufgaben auf einmal zur Verfügung zu stellen. Für den Start sollten Aufgaben mit verschiedenem Schwierigkeitsgrad eingeführt sein, damit alle Kinder befriedigende Ergebnisse erbringen können.

Jede Gelegenheit, über das Thema zu sprechen, sollte genutzt werden:

- Einführung einer neuen Aufgabe.
- Zu Beginn der Werkstattarbeit kann gemeinsam besprochen werden, welche Aufgaben sich die Kinder für diesen Tag vorgenommen haben.
- In einer Reflexion am Ende des Tages kann über die geleistete Arbeit nachgedacht und ein besonderes Ergebnis entsprechend gewürdigt werden.

Es ist schön, wenn eine Werkstatt ganz zum Schluss mit einem kleinen besonderen Ereignis beendet werden kann. Zum Beispiel mit einem Abschlussfest, zu dem eine andere Schulklasse oder die Eltern eingeladen werden, einer Präsentation von Ergebnissen im Klassenverband oder einer feierlichen Übergabe der Werkstattbücher.

Aufbewahrung

Wie die Werkstatt aufbereitet und den Kindern angeboten wird, hängt vom Platzangebot in der Klasse ab. Eine relativ platzsparende Möglichkeit sind stapelbare Ablagekästen. 20 durchnummerierte Kästen enthalten die 20 Aufgaben der Werkstatt mit ihren jeweiligen Aufgabenkarten. Daneben sollten noch drei weitere Kästen die linierten und unlinierten Schmuckblätter sowie die kleinen Themenhefte (s. S. 64–66) enthalten.

Umgang mit den Arbeitsergebnissen

Auch hier bieten sich mehrere Möglichkeiten an, die verschiedene Vor- und Nachteile haben, letztlich aber vor allem eine Frage des persönlichen Geschmacks sind:

- eine Werkstattmappe, in der alle Arbeitsergebnisse abgeheftet werden. Für kleinere Ergebnisse, die nicht gelocht werden können, empfiehlt es sich, in jeder Mappe eine Klarsichthülle einzuheften,
- ein Hängeregister, in das die Arbeitsergebnisse gesteckt werden,
- eine gemeinsame Kiste, in welche die Kinder ihre mit Namen versehenen Arbeitsergebnisse legen;
  die Lehrerin sortiert und bewahrt die Ergebnisse dann bis zum Ende der Werkstatt auf.

In allen Fällen sollten die Arbeiten der Kinder zum Abschluss der Werkstatt entsprechend gewürdigt werden.

Organisatorische Hinweise zu dieser Werkstattreihe

Werkstattreihe mit 20 Themen

Die vorliegende Unterrichtseinheit gehört zu einer Reihe von 20 sachkundlich orientierten Werkstätten.

Aufbau

Jede der 20 Werkstätten aus dieser Reihe ist ähnlich aufgebaut und enthält ein übersichtliches Materialangebot, das es den Kindern in Ihrer Klasse erlaubt, sich selbstgesteuert mit dem Thema auseinanderzusetzen. So finden sich die Kinder mit jeder durchgeführten Werkstatt besser mit den Materialien zurecht, können auf Erfahrungen zurückgreifen und werden immer selbstständiger damit arbeiten können. Die meisten Materialien sind als Kopiervorlagen angelegt, für Spiele oder Ähnliches sind im hinteren Teil jeder Werkstatt einige farbige Bögen dabei.

Auftragskarten

Die Auftragskarten sollten auf (farbigen) Karton kopiert werden und enthalten eine ausführliche Anleitung für die jeweilige Aufgabe bzw. das Arbeitsblatt. Der Textumfang wird für die meisten Kinder im 1. oder 2. Schuljahr zu schwierig sein. Sie sind auch eher für eine gemeinsame Besprechung im Sitzkreis gedacht, bei der die Lehrerin den Text vorliest und gemeinsam mit den Kindern bespricht. Wer Auftragskarten bevorzugt, die mit wenigen Symbolen auskommen, kann die leeren Kopiervorlagen benutzen, um Aufträge nach eigenen Bedürfnissen zu gestalten.

Unten auf der Karte wird das Helferkind (der „Chef") eingetragen, das für diese Aufgabe die Verantwortung übernimmt. Es hilft, wenn andere Kinder nicht mehr weiterkommen, achtet darauf, dass die Materialien in einem ordentlichen und vollständigen Zustand bleiben und kontrolliert das Ergebnis bei seinen Mitschülerinnen und Mitschülern. Gerade der letzte Punkt verlangt von der Lehrerin Zurückhaltung, bringt aber einen großen Gewinn im Bereich Verantwortungsbewusstsein.

Aufgaben und Arbeitsblätter

20 Aufgaben ermöglichen einen breit gefächerten Zugang zum Thema dieser Werkstatt. Die Auswahl der Aufgaben ist dabei immer möglichst fächerübergreifend angelegt, neben sachunterrichtlichen Aspekten finden sich auch Aufgaben aus den Bereichen Lesen, Schreiben, Rechnen, Wahrnehmung, Konzentration und Feinmotorik. Soweit es sich anbot, wurden Differenzierungsmöglichkeiten innerhalb eines Arbeitsblattes angelegt. Direkte Hinweise dazu finden Sie bei den „Erläuterungen zu den Arbeitsaufträgen" ab Seite 14.

Manche Aufgaben sind nur für Kinder geeignet, die schon lesen können, manche sind eher für Kinder gedacht, die noch große Schwierigkeiten mit dem Lesen haben. In der Regel sind die Kinder in der Lage, sich die Aufgaben herauszusuchen, die für sie richtig und wichtig sind. In manchen Fällen benötigen sie bei der Auswahl aber auch die Unterstützung der Lehrerin.

Dauer und Aufgabenmenge

Wie viele Aufgaben die Kinder in einem bestimmten Zeitraum bearbeiten können, ist sehr unterschiedlich und hängt in erster Linie von der Leistungsfähigkeit der Klasse und des einzelnen Kindes sowie vom zeitlichen Umfang der Werkstattarbeit ab. In der Regel sollten aber die meisten Kinder in der Lage sein, mindestens zwei Aufgaben pro Woche selbstständig zu erledigen. Bei der Dauer von drei bis vier Wochen einer Werkstatt sollte also jedes Kind ungefähr ein Drittel der Werkstattaufgaben oder mehr bearbeitet haben.

Schmuckblätter

Die Kopiervorlagen für linierte und unlinierte Schmuckblätter können bei verschiedenen Gelegenheiten eingesetzt werden. Kinder können sie nutzen, um Lösungen für Aufgaben zu notieren, zu denen es kein Arbeitsblatt gibt, oder wenn sie Bilder und Texte zum Werkstattthema anfertigen möchten.

Themenhefte

Dieses Blatt kann auf festeres, evtl. farbiges Papier (Kopierkarton) kopiert werden. Mit 2–3 leeren Blättern wird es dann zu einem kleinen Heft zusammengeheftet. Die Kinder können danach die Umrisslinie ausschneiden und erhalten ihr persönliches Themenheft zur Werkstatt, in das sie eigene Geschichten schreiben, Notizen machen oder worin sie Dinge sammeln können, die zum Thema gehören. Mit seinem praktischen Format passt das Themenheft in jede Hosentasche. So können die Kinder auch unterwegs, zu Hause und in ihrer Freizeit Beiträge zur Werkstatt sammeln.

Werkstattpass

Auf diesem Blatt malen die Kinder die Aufgaben an, die sie bereits erfolgreich bearbeitet haben. Es dient sowohl den Kindern als auch der Lehrerin als Übersicht. Falls gewünscht, können hier auch (individuelle) Pflichtaufgaben markiert werden. Ebenso kann mit den Aufgaben verfahren werden, für welche die Kinder als Helferkind eingesetzt wurden.

Lehrerkontrolle

Bei Bedarf können hier die Aufgaben notiert werden, welche die Kinder erledigt haben. Werden dabei Symbole (wie +, o, - etc.) verwendet, entsteht auf einfache Art ein Überblick, wie die Kinder mit der Werkstatt gearbeitet haben.

Inhaltliche Hinweise zur Werkstatt „Im Zoo“

Schwerpunkt

Kinder sind in der Regel fasziniert von Tieren, ihrer Verschiedenartigkeit und ihren Fähigkeiten. Zoobesuche gehören oft zu den ersten Ausflügen, die mit der Familie unternommen werden. Daher ist die Motivation, sich mit Tieren auch im Unterricht auseinanderzusetzen, sehr groß.

Das große Interesse der Kinder an der Tierwelt kann auch dazu genutzt werden, mit den Kindern über die Verantwortung des Menschen gegenüber der Natur und in diesem Fall der Tierwelt zu sprechen. Viele Tierarten sind vom Aussterben bedroht, weil der Mensch ihre Lebensräume und Lebensbedingungen zerstört hat. Einige Tierarten existieren nur noch im geschützten Rahmen der Zoos.

Lernziele

Die Kinder setzen sich mit dem Leben von Tieren im Zoo auseinander.

Die Kinder lernen verschiedene Zootiere, deren Eigenschaften, Lebensräume und Futtergewohnheiten kennen.

Lehrplanbezüge

Folgende Bereiche des Faches Sachunterricht werden von verschiedenen Aufgaben der Werkstatt und durch den begleitenden gemeinsamen Unterricht angeschnitten:

- Natur und Leben
  - Körper, Sinne und Ernährung (Leistung der Sinnesorgane feststellen)
  - Pflanzen und Tiere/Natürliche und gestaltete Lebensräume (Pflanzen und Tiere in ihrem Lebensraum beobachten, benennen und beschreiben – Achtung und Verantwortung gegenüber Tieren und Pflanzen entwickeln)

Möglicher Zeitraum

Da ein Zoobesuch unbedingt zu dieser Werkstatt dazugehören sollte, bieten sich Frühling oder Sommer für die Durchführung an.

Vorschläge für den gemeinsamen Unterricht

- Ein Zoobesuch eignet sich zu jedem Zeitpunkt der Werkstatt: als Einstieg, während der Arbeit am Thema, um Forschergruppen die Möglichkeit zu geben bei „ihrem“ Tier an einem realen Objekt zu forschen, um Fragen zu klären, als krönender Abschluss.
- Zu Lieblingstieren oder einem speziellen Tier als Thema einer Forschergruppe gestalten die Kinder Hefte – z. B. mit den Themenheften – stellen Poster mit wichtigen Informationen zusammen oder halten einen kleinen Vortrag. Als Bestandteil der Werkstatt finden sich die Forscherbögen, die zu einem ausgewählten Tier angefertigt werden können.
- Gedicht „Schnurpsenzoologie“ von Michael Ende. Dazu lassen sich fantasievolle Zeichnungen oder Collagen anfertigen, zu denen die Kinder dann die einzelnen Strophen des Gedichtes vortragen können.
- Gedicht „Wenn das Kind nicht still sein will“ von Josef Guggenmos. Dieses Gedicht eignet sich hervorragend als Einstieg in das Thema „Sprachen der Tiere“. Dazu können weitere Tiere gesammelt und ihre „Sprachen“ aufgeführt werden.
- In einem Fühlkasten können z. B. in einem festgelegten Wechsel kleine Zootierfiguren aus Kunststoff bereitgestellt werden, welche die Kinder durch Ertasten identifizieren sollen. Werden die Antworten der Kinder jeweils auf einem Arbeitsblatt gesammelt, kann am Schluss überprüft werden, wer die meisten Tiere richtig erraten hat.
- Tiere pantomimisch darstellen und von den anderen Kindern erraten lassen.
- Das Bewegungsspiel „Wir gehen auf Löwenjagd oder Bärenjagd oder ...“ s. Anhänge und Extras, S. 68, eignet sich für zwischendurch oder als Aufwärmübung für den Sportunterricht.

Inhaltliche Hinweise zur Werkstatt „Im Zoo“

Fächerübergreifende Vorschläge

- Musik
  - Lied „Der Papagei ein Vogel ist“ von Peter Ehlebracht, zu finden in: Friedrich Neumann (Hrsg.): Duett. Das Liederbuch mit 172 Liedern für die Grundschule. Ernst Klett Grundschulverlag, Schott 2004.
  - „Karneval der Tiere“ von Camille Saint-Saëns (1835–1921). Zu den Stücken von Saint-Saëns können die Kinder Schattenspiele entwickeln und mit Tiermasken Tänze ausprobieren. Auch Bilder zur Musik zu malen, kann den Kindern einen Zugang zu dieser sehr lebendigen und bildhaften Musik ermöglichen.
  - Lieder „Mir gönd in Zoo“ 1 und 2, von den „Schlieremer Chind“. Chasper-Verlag, www.rotstift.ch. Schweizer Mundartlieder zu fast jedem Tier im Zoo. Die Lieder und Texte eignen sich gut, um eine Aufführung zu erarbeiten und die Namen und Eigenschaften von vielen Zootieren kennenzulernen.
  - Klanggeschichte zum Zoobesuch: Um einen Zoobesuch zu beschreiben, überlegen die Kinder, welche Instrumente zu welchen Tieren passen könnten. Während die Geschichte dann vorgelesen wird, spielen die Kinder mit verteilten Rollen jeweils die genannten Tiere.
- Kunst
  - Zu ihrem Lieblingstier gestalten die Kinder ein Poster, das sie mit Informationen versehen.
  - Bildbetrachtung „Tiger“ (1912) von Franz Marc, Mitglied der Künstlergruppe „Der Blaue Reiter“. Farben benutzte Franz Marc nicht unbedingt nach der Realität, sondern oft eher nach der Wirkung. Den Charakter, den Wesenszug einer Figur versuchte er durch die Wahl einer bestimmten Farbe, einer bestimmten Umgebung zu unterstreichen. Auch die Struktur der Flächen diente diesem Zweck. So unterstreicht in diesem Bild das Scharfkantige des Tieres und der Umgebung die Gefährlichkeit des Tigers. Franz Marcs Lieblingsthema war das Tier, denn Menschen fand er hässlich, Tiere seien dem kreatürlichen Ursprung am nächsten.

    Nach spontanen Äußerungen der Kinder können die wesentlichen Elemente des „Tiger-Bildes“ durch gezielte Fragen erarbeitet werden: Welche Farben hat der Künstler verwendet? Warum? Wie sind die Formen auf dem Bild? Warum hat der Künstler das wohl gemacht? Wirkt das Tier gefährlich oder harmlos? Womit hat der Künstler diese Wirkung erreicht?

    Die Kinder können das Tiger-Bild durch eigenes Gestalten nachempfinden, indem sie ein Tier zunächst groß auf ein Zeichenblatt zeichnen. Dann werden das Tier und die Umgebung durch Linien in Flächen unterteilt. Anschließend gestalten die Kinder mit Wachsmalstiften diese Flächen in ähnlichen Farben, wie sie Franz Marc benutzte.
  - Fantasietiere können frei oder als Collage aus ungewöhnlichen Gegenständen gestaltet werden. Als Anregungen können z. B. die Schöpfungen aus dem leider nur noch antiquarisch erhältlichen Buch „Halbritters Tier- und Pflanzenleben“ von Kurt Halbritter (1924–1978), Karikaturist, dienen. In Anhänge und Extras, S. 69–70, finden sich zwei dem Karikaturisten nachempfundene Tierschöpfungen. Anschließend können die Kinder auch einen kurzen beschreibenden Text mit besonderen Merkmalen „ihrer“ Tiere sowie deren Namen notieren. Zur Inspiration können auch Mix-Max-Bücher und -Spiele zur Verfügung gestellt werden, in denen die Kinder mehrfach geteilte Tiere zu Fantasietieren zusammenstellen können.

Inhaltliche Hinweise zur Werkstatt „Im Zoo"

Internet-Tipps

www.zoos.ch

Vereinigung der wissenschaftlich geführten Zoos der Schweiz, Zürich und Basel, Tierpark Goldau, Wildpark Langenberg. Mit direkten Links zu den einzelnen Zoos und Tierpärken. Hier findet man viel Hintergrundwissen, Spiele, Schulangebote.

www.zoos.de

Zoos in Deutschland und weltweit. Mit ausführlichen Tierinformationen.

www.kinder-tierlexikon.de

Gut aufgemachtes, von Schülern für Schüler erstelltes Lexikon.

www.tiere-online.de

Umfangreiche Informationen aus der Welt der Tiere.

Kinder- und Jugendbücher

Erhard Dietl: Tier-Mix-Max. Oetinger Verlag.
Edmund Jacoby: Die Welt der Tiere. Gerstenberg Verlag.
Marcus Pfister. Charly im Zoo. NordSüd Verlag.
Eckart Pott: Ravensburger Tierlexikon von A–Z. Ravensburger Buchverlag.
Susanne Riha: Komm mit in den Zoo. Annette Betz Verlag.
Michael Rosen, Helen Oxenbury: Wir gehen auf Bärenjagd. Verlag Sauerländer.

Auftragsübersicht

Erläuterungen zu den Arbeitsaufträgen

Differenzierungsmöglichkeiten innerhalb einer Aufgabe werden mit ★ gekennzeichnet.

Zootiere 1

Neben die Bilder schreiben die Kinder die entsprechenden Tiernamen.

★ Kinder, die schon Schreiberfahrungen besitzen werden aufgefordert, den Artikel vor das jeweilige Wort zu setzen. Kinder im zweiten Lernjahr schreiben neben jedes Bild einen kleinen Satz.

Ein Tag im Zoo 2

Die Lesekarten werden so auf dem Tisch verteilt, dass die Bilder sichtbar sind. Das Kind beginnt mit der Titelkarte „Ein Tag im Zoo". Es liest den Text auf der Rückseite und sucht anschließend das passende Bild. So geht es weiter, bis es das letzte Bild gefunden hat, auf dessen Rückseite „Ende" steht.
Varianten: Mehrere Kinder verteilen die Karten unter sich. Das Kind, das die Titelkarte hat, liest den Text auf der Rückseite vor. Weiter geht es mit dem Kind, welches das passende Bild zu diesem Text hat.

★ Als einfachere Variante gibt es die gleichen Karten mit jeweils einem Begriff auf der Rückseite.

Eintrittspreise 3

Für den fiktiven Naturzoo „Tierpark Neustadt" sollen zwei Preistabellen für Kinder und Erwachsene ausgerechnet bzw. Preise für Familien berechnet werden. Darüber hinaus sollen sich die Kinder selbst Aufgaben stellen. Dabei können die Kinder ihren eigenen Mengenrahmen wählen, in dem sie rechnen möchten. Am Ende des Schuljahres sind die Kinder möglicherweise neugierig auf „größere" Aufgaben und versuchen sich an anspruchsvollen Rechenaufgaben.
Lösungen:
Kinder: 2,50 – 5,00 – 7,50 – 10,00 – 12,50 – 15,00 – 17,50
Erwachsene: 6,00 – 12,00 – 18,00 – 24,00 – 30,00 – 36,00 – 42,00
Familien: 8,50 – 14,50 – 17,00 – 11,00 – 13,50 – 4 Kinder

Wege im Zoo 4

Bei dieser Aufgabe suchen sich die Kinder zehn Tiere aus, die sie gerne sehen möchten. Dazu planen sie einen Weg, der sie zu diesen zehn Tieren führt, ohne die gleiche Wegstrecke zweimal zu benützen.
In einem zweiten Schritt soll dieser Weg möglichst genau beschrieben werden. Die Tiere können als Wegweiser benutzt werden, z. B. „Hinter dem Löwengehege muss man rechts gehen."

★ Kinder, die schon gut schreiben, sollte man auf unterschiedliche Satzanfänge hinweisen. Kinder, die noch große Schwierigkeiten mit dem Schreiben haben, notieren stichwortartig die Tiere auf, an denen sie vorbeigekommen sind.

Erläuterungen zu den Arbeitsaufträgen

Kartenspiel 5

1. Spielanleitung: Ein Kind nennt ein Merkmal und den Wert, den es auf seiner obersten Karte dazu hat. Wer den höheren Wert hat, bekommt beide Karten und ist jetzt an der Reihe. Das Spiel ist zu Ende, wenn ein Kind alle Karten besitzt oder nach einer vorher vereinbarten Spielzeit.
2. Anschließend werden alle Karten nach einem Merkmal sortiert. Die Kinder erstellen dann dazu eine Liste, ähnlich dem Beispiel auf der Auftragskarte.

Tier-Quiz 6

Die Kinder lösen 15 Tierrätsel, die am besten verteilt im Klassenzimmer aufgehängt sind, und tragen die Ergebnisse in die Kästchen ein. Auf den Karten sind jeweils ein Bild, meist ein Ausschnitt, und ein kurzer Rätseltext zu finden.
Hinweis: Da auf dem Lösungsblatt für jeden Buchstaben Kästchen vorgegeben sind, müssen die Kinder die Rechtschreibung beachten. Es sollte auf diesen Umstand hingewiesen und mit den Kindern besprochen werden, wo sie Hilfe holen können, wenn sie nicht alle Buchstaben hören. Zum Beispiel können sie mit dem Inhaltsverzeichnis eines Tierlexikons für Kinder die Rechtschreibung überprüfen.
Lösung: Giraffe, Schlange, Nashorn, Flamingo, Kamel, Tiger, Elefant, Delfin, Löwe, Zebra, Seehund, Papagei, Affe, Krokodil, Känguru: Ich mag Tiere gern.

Tierische ABC-Gedichte 7

Die einfachste Form eines ABC-Gedichtes ist, zu jedem Buchstaben ein Tier zu schreiben. Als Erschwerung können zu den einzelnen Buchstaben passende Sätze geschrieben werden. Wer es noch kniffliger mag, versucht, mit dem ABC passende Sätze zu bilden. Einzige Regel ist, dass das ABC vollständig und in der richtigen Reihenfolge im Gedicht vorkommt. Am Computer können die Kinder das Gedicht auch gestalten, indem sie für die ABC-Buchstaben eine besondere Formatierung – Schrift, Schriftgröße, Farbe – benutzen.

Lesen, malen und schreiben 8

Entsprechend dem Lesetext soll das Bild vervollständigt werden. Auf die Linien schreiben die Kinder einen zum Bild passenden Text.

★ Bei diesem Arbeitsblatt gibt es zwei Schwierigkeitsgrade. Die einfachere Variante ist durch eine Feder gekennzeichnet, die schwierigere durch ein Gewicht. In beiden Fällen können die Kinder die Aufgabe aber nur bearbeiten, wenn sie schon lesen können.

Erläuterungen zu den Arbeitsaufträgen

Fell, Federn, Schuppen oder was? (9)

Bei dieser Aufgabe geht es um eine Kategorisierung der „äußeren“ Erscheinung eines Tieres: Hat es Fell, Federn, Schuppen oder noch etwas anderes? Fehler machen Kinder häufig bei den Pinguinen, deren Federkleid leicht mit Fell verwechselt wird. Der Frosch und die Spinne passen in keine der drei Hauptkategorien. Der Frosch hat wie alle Amphibien „nur“ Haut, die Spinne hat – wie Insekten und Krebse – einen Chitinpanzer.

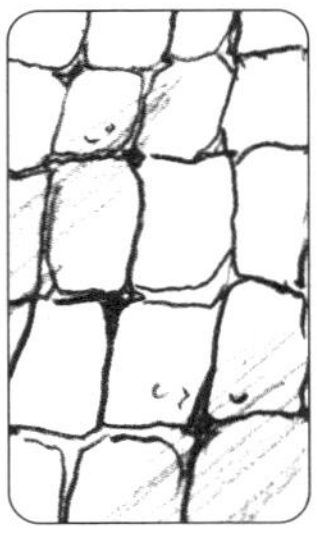

Lösungen:
Fell: Affe, Känguru, Lama, Löwe, Seehund, Tiger, Zebra
Federn: Adler, Emu, Eule, Flamingo, Papagei, Pinguin, Storch
Schuppen: Eidechse, Fisch, Krokodil, Schildkröte, Schlange
Sonstiges: Frosch (Haut), Spinne (Chitinpanzer)

Laufen, fliegen, schwimmen (10)

Die Kinder legen die Tierkärtchen in das Venndiagramm und tragen die Namen der Tiere in ihr Diagramm ein. Die Namen der Tiere sind auf der Rückseite der Kärtchen vermerkt. Bei manchen Tieren kann man sicherlich diskutieren, ob eine bestimmte Fortbewegungsart für dieses Tier zutrifft. Zum Beispiel fliegen Fledermäuse zwar nur, können sich aber zur Not auch auf dem Boden fortbewegen. Wichtig ist, dass das Kind seine Entscheidung begründen kann, von daher wird eine eindeutige Lösung nicht vorgegeben.
Vorbereitung: Tierkärtchen ausschneiden.

Eigenschaften (11)

(1) Mit Hilfe einer Checkliste vergleichen die Kinder sechs Tiere: Elefant, Giraffe, Löwe, Kamel, Pinguin und ein Tier eigener Wahl. Neben eindeutigen Merkmalen wie Schnabel, Federn, Schwanz ... gibt es auch Eigenschaften, die im Auge des Betrachters liegen: Sind die Beine eines Kamels lang oder nicht? Falls die Kinder beim Punkt Ohren dem Pinguin kein Kreuz machen sollten, weil er keine sichtbare Ohrmuschel hat, kann die Frage weiterhelfen: Womit hört der Pinguin?

(2) Die Kinder suchen sich ein Tier aus, das sie u. a. mit Hilfe der angekreuzten Eigenschaften möglichst treffend beschreiben.

Futter (12)

In Büchern oder im Internet informieren sich die Kinder über die Futtergewohnheiten von Zootieren. Zu jeder Futterart – Fleisch, Fisch, Heu, Blätter – schreiben die Kinder mehrere passende Tiere auf.

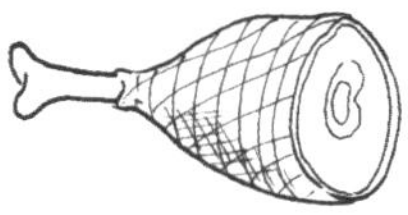

Erläuterungen zu den Arbeitsaufträgen

Gemeinsamkeiten 13

Von jedem Tier ziehen die Kinder Geraden zu den Aussagen, die für dieses Tier zutreffen. Auf diese Weise werden Gemeinsamkeiten zwischen den Tieren sichtbar. Die Kinder werden angehalten, die Linien mit einem Lineal zu ziehen, da ansonsten das Arbeitsblatt sehr unübersichtlich wird.
Über einige Zuordnungen kann man sicherlich diskutieren. Hier ist wie bei anderen Lösungen vor allem wichtig, dass die Kinder ihre Zuordnung begründen können.

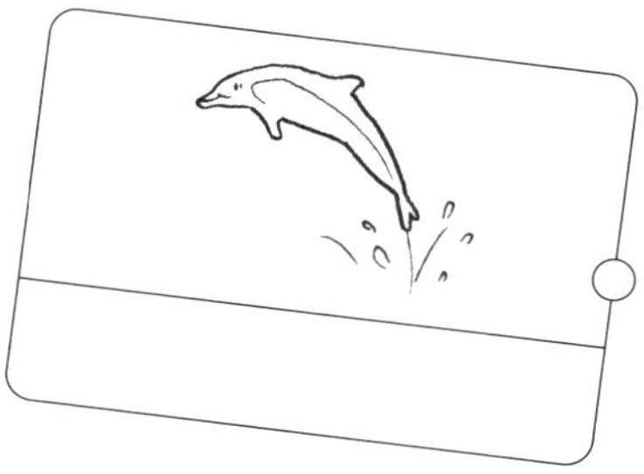

Lösungen:
keine Zähne: Pinguin, Papagei
legt Eier: Pinguin, Papagei, Krokodil
Australien: Pinguin, Papagei, Krokodil, Känguru
schwimmt gut: Pinguin, Krokodil, Delfin
fliegt: Papagei
Fleischfresser: Pinguin, Papagei – einige Papageienarten fressen Insekten, Krokodil, Löwe, Delfin, Affe – fast alle Affenarten fressen auch Insekten, einige größere Affenarten fressen auch Kleintiere
klettert: Papagei, (Löwe), Affe
läuft schnell: (Krokodil), Löwe, Känguru, (Affe)

Tiergehege 14

Vier verschiedene Gehege sind abgebildet. Die Kinder überlegen, für welche Tierarten diese Gehege eine neue Heimat bieten könnten. Dabei gibt es verschiedene Möglichkeiten. Die Kinder sollen sich für eine Tierart entscheiden, diese in das Gehege zeichnen und ihre Wahl begründen.
Mögliche Lösungen:
1. Affenarten: Klettermöglichkeiten
2. Pinguine, Seehunde: Schwimmmöglichkeiten, aber auch Rückzug an Land
3. Tiger, Löwe, Bären: wegen der Gitter geeignet für Raubtiere
4. Giraffen: die Form der Tür, die Futterhöhe

Heimat der Tiere 15

Die Kinder ordnen die abgebildeten Tiere ihrer Heimat zu. Dabei genügt es, wenn der Kontinent zugeordnet ist, eine differenziertere Darstellung können die Kinder wahrscheinlich noch nicht leisten. Für diese Aufgabe sollten den Kindern Tierlexika zur Verfügung stehen.
Lösung: Kojote (Nordamerika), Bison (Nordamerika), Gämse (Europa), Elch (Nordamerika, Europa, Asien), Panda (Asien), Lama (Südamerika), Kolibri (Nord-, Südamerika), Gorilla (Afrika), Elefant (Afrika, Asien), Kamel (Afrika, Asien), Tiger (Asien), Känguru (Australien)

Erläuterungen zu den Arbeitsaufträgen

Die Affen 16

Dieser kurze Sachtext über Affen ist ohne Satzschlusszeichen geschrieben. Die Kinder sollen die Punkte setzen und den Text abschreiben. Dabei sollen sie den ersten Buchstaben in einem Satz jeweils groß schreiben. Einige Satzteile könnten auch durch Komma statt Punkt getrennt werden, was aber nicht Ziel dieses Arbeitsblattes ist.
Lösung: Die Affen sind dem Menschen am ähnlichsten. Es gibt viele verschiedene Arten. Manche sind so klein wie eine Maus. Andere Affenarten dagegen können Menschen überragen. Einige Arten haben einen langen Schwanz. Damit können sie sich an Ästen festhalten. Viele Affen leben in Gruppen wie in einer Familie.

Steckbrief für... 17

Zu einem Lieblingstier erstellen die Kinder einen Steckbrief. Denkbar ist diese Aufgabe auch für einen Zoobesuch. Vielleicht kann die Aufgabe für mehrere Tiere in Gruppenarbeit erarbeitet werden. Falls die Möglichkeit besteht, sollten die Kinder ihr neu erworbenes Fachwissen über ein Tier den anderen Kinder vorstellen.

Zoogeschichten 18

Die Kinder suchen sich einen Geschichtenanfang aus und schreiben die Zoogeschichte zu Ende. Die Kinder können das Bild noch weiter malen und so der eigenen Geschichte anpassen.
Vorbereitung: Die Blätter so kopieren, dass auf der Rückseite der vier Motive jeweils nur das reine Linienblatt zu sehen ist. Dann die Blätter in der Mitte zusammenfalten, sodass kleine „Geschichtenhefte" entstehen.

Seltsame Tiere 19

Aus den farbigen Karten legen die Kinder seltsame Mischlingstiere. Anschließend schreiben sie zu jedem Tier einen Satz in der Art: „Ein Ziefant ist vorne eine Ziege und hinten ein Elefant." Dazu kann das vorbereitete Arbeitsblatt genutzt werden. Dann müssen die Kinder nur noch jeweils die Namen mit dem unbestimmten Artikel einsetzen. Vorteilhaft ist, wenn die Kinder zunächst die richtigen Paare zusammenlegen, um herauszufinden, wie die Originaltiere zusammengesetzt sind.

★ Als Erweiterung können die Kinder mit den Vorlagenblättern weitere Fantasietiere kreieren, diese auf ein leeres Arbeitsblatt, z. B. ein Schmuckblatt, kleben, anmalen und eine kleine Geschichte dazuschreiben.
Vorbereitung: Die farbigen Karten zerschneiden. Zur besseren Haltbarkeit können sie laminiert werden. Vorlagenblätter kopieren für weitere Tierkreationen.

Ein Wort zu viel 20

In jedem Satz ist ein Wort zu viel. Die Kinder identifizieren dieses Wort durch Lesen und streichen es durch.

Auftragskarten

Zootiere 1

Auf den Bildern siehst du viele Tiere, die man in einem Zoo finden kann.

Kennst du sie alle?
Schreibe die Namen auf. Setze auch den Artikel „der“, „die“ oder „das“ davor.

Wenn du schon gut schreiben kannst,
notiere jeweils einen kurzen Satz,
zum Beispiel: „Pinguine können schwimmen.“

? Helferkind: ____________________

Ein Tag im Zoo 2

Warst du auch schon einmal mit deiner Familie im Zoo?

Lege die Karten mit den Bildern nach oben auf den Tisch.
Fange mit der Karte „Ein Tag im Zoo“ an.
Lies den Text auf der Rückseite und finde das passende Bild dazu.
Lies auch bei dieser Karte wieder die Rückseite und suche das Bild.

So geht es weiter, bis du alle Karten in der richtigen Reihenfolge sortiert hast.

? Helferkind: ____________________

Eintrittspreise 3

Wenn wir einen Zoo besuchen wollen,
müssen wir Eintritt bezahlen.

Fülle die Preistabellen für Kinder und Erwachsene aus.
Rechne aus, wie viel die Familien bezahlen müssen.

Denke dir selbst Aufgaben dazu aus.
Schreibe sie auf die Rückseite oder auf ein besonderes Blatt.

? Helferkind: ____________________

Wege im Zoo

4

(1) Wähle 10 Tiere aus, die du bei deinem Zoobesuch sehen möchtest.

Suche einen Weg, der dich zu den 10 Tieren führt,
gehe dabei aber keinen Weg doppelt.

(2) Beschreibe den Weg möglichst genau.
Benutze dabei Sätze wie: „Zuerst gehe ich zu den ...“,
„Dabei komme ich an den ... vorbei.“ „Dann gehe ich nach rechts zu den ...“

? Helferkind: ____________________

Kartenspiel

5

(1) Spiele mit einem anderen Kind das Kartenspiel:
Wer an der Reihe ist, darf eine Eigenschaft nennen, zum Beispiel: Gewicht.
Wer den höheren Wert hat, bekommt beide Karten und ist jetzt an der Reihe.
Vereinbart vorher eine Zeit, zum Beispiel 15 Minuten.
Wer am Schluss die meisten Karten besitzt, hat gewonnen.

(2) Sortiert die Karten nach einer Eigenschaft,
zum Beispiel nach dem Gewicht.
Schreibt eine Liste mit allen Tieren:

Gewicht
Elefant 6000 kg
Nashorn 3600 kg
Nilpferd 1600 kg
...

? Helferkind: ____________________

Tier-Quiz

6

Im Klassenzimmer hängen Karten
mit Tierrätseln.

Löse die Rätsel und trage die Ergebnisse
in das Arbeitsblatt ein.

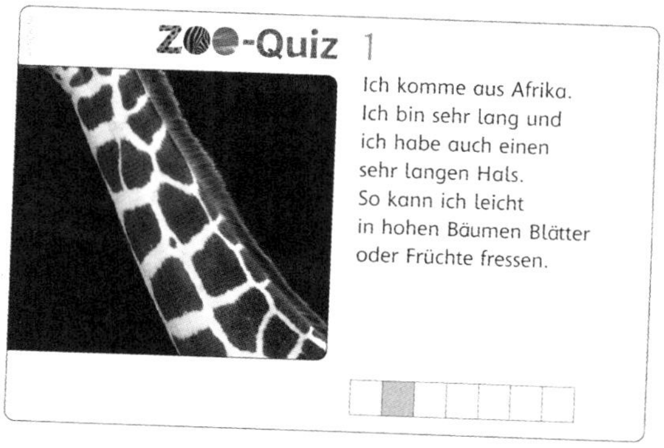

? Helferkind: ____________________

Tierische ABC-Gedichte

Erfinde ein tierisches ABC-Gedicht.

Schreibe zuerst Wörter zu den Buchstaben, die dir zum Thema Tiere einfallen.

Du kannst dazu auch ein Wörterbuch oder ein Tierlexikon benutzen.

Versuche zu jedem Buchstaben des ABC ein Tier zu finden.

Affe
Bär
Chamäleon
Dachs
…

Du kannst auch mehrere Wörter zu einem Buchstaben schreiben.

Die Hauptsache ist, dass das ganze ABC in der richtigen Reihenfolge in deinem Gedicht vorkommt.

Knobelaufgabe:
Du kannst auch versuchen mit dem ABC passende Sätz zu bilden.

Acht **B**ären **c**arven.
Die **E**lefanten **f**löten **g**anz **h**eimlich.
In **j**eder **K**iste **l**auern **M**äuse.
Neun **O**tter **p**addeln **q**uer.
Riesige **S**aurier **t**anzen.
Und **V**ampire **w**ollen **XY**-**Z**auber.

Wenn du zu C, Qu, X oder Y auch nach langem Suchen nichts Passendes findest, darfst du ruhig ein bisschen schummeln.

? Helferkind: ______________________

Lesen, malen und schreiben 8

Du kannst zwischen einem einfachen
und einem schwierigen Text wählen.

Lies den Text
und male das Bild fertig.

Schreibe etwas Passendes zu dem Bild.

? Helferkind: ______________________________

Fell, Federn, Schuppen oder was? 9

Manche Tiere haben ein Fell, manche haben Federn,
wieder andere haben Schuppen. Und was haben eigentlich Frösche?

Ordne die Tiere auf dem Arbeitsblatt in die richtigen Felder ein.

Wenn du noch Platz in den Feldern hast,
kannst du noch weitere Tiere aufschreiben.

? Helferkind: ______________________________

Laufen, fliegen, schwimmen 10

Vögel fliegen, Fische schwimmen,
alle anderen laufen. Stimmt das?

Lege zuerst die Tierkarten in die richtigen Kreise.
Achtung: Es gibt Tiere, die sich auf mehrere
Arten fortbewegen können.

Schreibe danach die Namen der Tiere
an die Plätze der Karten.

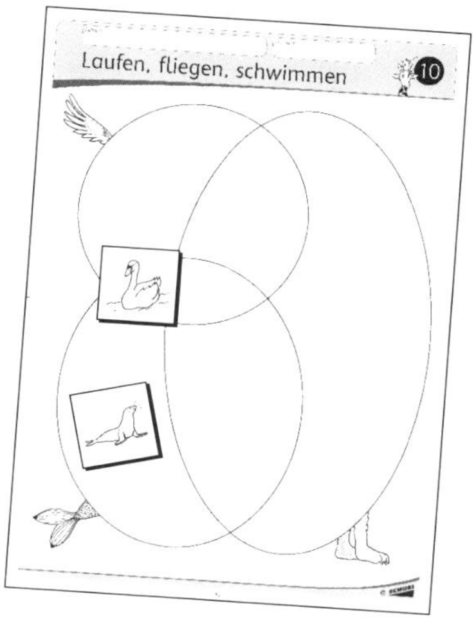

? Helferkind: ______________________________

Eigenschaften 11

Wähle selbst ein Tier aus und male es in die 6. Spalte.

Kreuze zuerst die Eigenschaften der sechs Tiere auf der Liste an.

Suche dir dann eines der sechs Tiere aus.
Beschreibe das Tier möglichst genau auf einem leeren Arbeitsblatt.
Benutze dazu auch die angekreuzten Eigenschaften.

? Helferkind: ____________________

Futter 12

Erkundige dich, was die Tiere im Zoo fressen.

Schreibe in jeden Rahmen verschiedene passende Tiere.

Tipp: Manche Tiere kannst du auch in mehrere Rahmen schreiben.

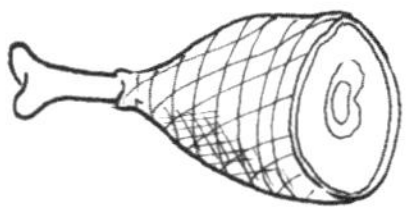

? Helferkind: ____________________

Gemeinsamkeiten 13

Schreibe den Namen in das leere Feld unter dem Tierbild.
Ziehe mit einem Lineal Linien von den Tieren zu **allen** Sätzen, die zu dem Tier passen.

Krokodil

Dieses Tier kann gut schwimmen.

? Helferkind: ____________________

Tiergehege

14

Zootiere kommen aus verschiedenen Gebieten.
Deshalb brauchen sie auch im Zoo unterschiedliche Gehege.

Überlege, für welche Tiere diese Gehege
wohl geeignet sind.
Male die Tiere hinein.
Begründe, warum diese Gehege
richtig sein könnten.

? Helferkind: ______________________

Heimat der Tiere

15

Woher kommen die Zootiere ursprünglich?

Hier wohne ich.

Lies in Büchern nach.
Du kannst auch im Internet suchen.

Ziehe mit einem Lineal Linien von den Tieren zum richtigen Kontinent.
Manchmal gibt es auch mehrere Möglichkeiten.

? Helferkind: ______________________

D

Die Affen

16

Lies den Text über die Affen durch.
Er ist schwer zu verstehen,
weil die Punkte am Ende der Sätze fehlen.

Setze nach jedem neuen Gedanken einen Punkt.
Schreibe den Text noch einmal mit Punkten ab.

Denke daran: Den ersten Buchstaben in einem Satz schreibt man groß!

? Helferkind: ______________________

Die Affen

16

Lies den Text über die Affen durch.
Er ist schwer zu verstehen,
weil die Punkte am Ende der Sätze fehlen.

Setze nach jedem neuen Gedanken einen Punkt.
Schreibe den Text noch einmal mit Punkten ab.

Denke daran: Den ersten Buchstaben in einem Satz schreibt man gross!

? Helferkind: ______________________________

Steckbrief für …

17

Welches ist dein Lieblingstier im Zoo?

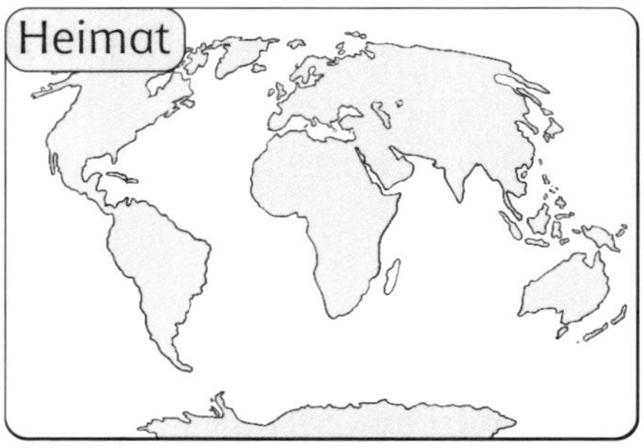

Werde Experte für dein Tier.
Lies in Büchern nach oder forsche im Internet.

Fülle den Steckbrief aus und
stelle dein Tier anderen Kindern vor.

? Helferkind: ______________________________

Zoogeschichten

18

Wähle einen Geschichtenanfang aus.
Wie geht die Geschichte weiter? Was passiert?
Ist deine Geschichte lustig, spannend oder traurig?

Schreibe die Geschichte zu Ende.
Du kannst auch das Bild noch weiter malen.
Schreibe auf die erste Linie einen Titel.

? Helferkind: ______________________________

Seltsame Tiere

19

Lege mit den Karten seltsame Tiere.
Schreibe die Namen auf und
notiere, aus welchen Tieren sie bestehen.

Schreibe so:

Ein Ziefant ist vorne eine Ziege
und hinten ein Elefant.

Du kannst auch eines oder mehrere Lieblings-Fantasietiere
aus dem Vorlagenblatt ausschneiden, auf ein Blatt kleben
und eine Geschichte aufschreiben.

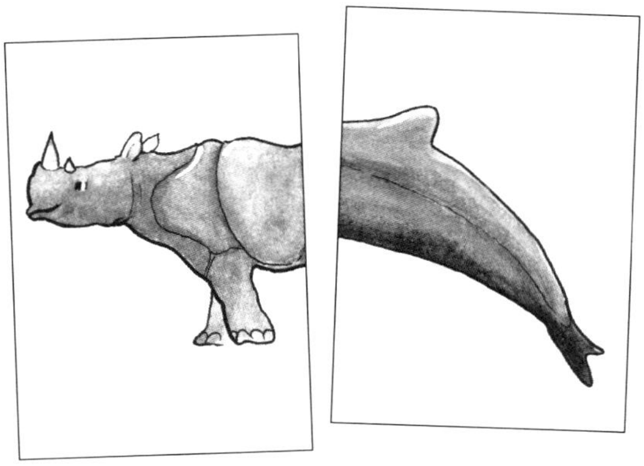

Helferkind: ______________________

Ein Wort zu viel

20

Lies die Sätze durch.

In jedem Satz ist ein Wort zu viel.
Streiche es durch.

Helferkind: ______________________

? Helferkind: ______________________________

? Helferkind: ______________________________

© SCHUBI

Helferkind: ______________________________

Helferkind: ______________________________

© SCHUBI

? Helferkind: ______________________________

Arbeitsblätter

Name:

Datum:

Zootiere

1

D

Name:

Datum:

Eintrittspreise

3

Der Naturzoo

TIERPARK NEUSTADT

Eintritt: Erwachsene **6,00 €** Kinder **2,50 €**

	1	2	3	4	5	6	7
zahlt	2,50 Euro	______ Euro	______ Euro	______ Euro	______ Euro	______ Euro	______ Euro

	1	2	3	4	5	6	7
zahlt	6,00 Euro	______ Euro	______ Euro	______ Euro	______ Euro	______ Euro	______ Euro

zahlen ______ Euro

zahlen ______ Euro

zahlen ______ Euro

zahlen ______ Euro

zahlen ______ Euro

zahlen 10,00 Euro

Name:

Datum:

3

Eintrittspreise

Der Naturzoo

TIERPARK NEUSTADT

Eintritt: Erwachsene **6.00 Fr.** Kinder **2.50 Fr.**

	1	2	3	4	5	6	7
zahlt	2.50 Franken	____ Franken	____ Franken	____ Franken	____ Franken	____ Franken	____ Franken

	1	2	3	4	5	6	7
zahlt	6 Franken	____ Franken	____ Franken	____ Franken	____ Franken	____ Franken	____ Franken

zahlen ____ Franken

zahlen ____ Franken

zahlen ____ Franken

zahlen ____ Franken

zahlen ____ Franken

zahlen 10 Franken

Name:

Datum:

4

Wege im Zoo

Name:

Datum:

Tier-Quiz

6

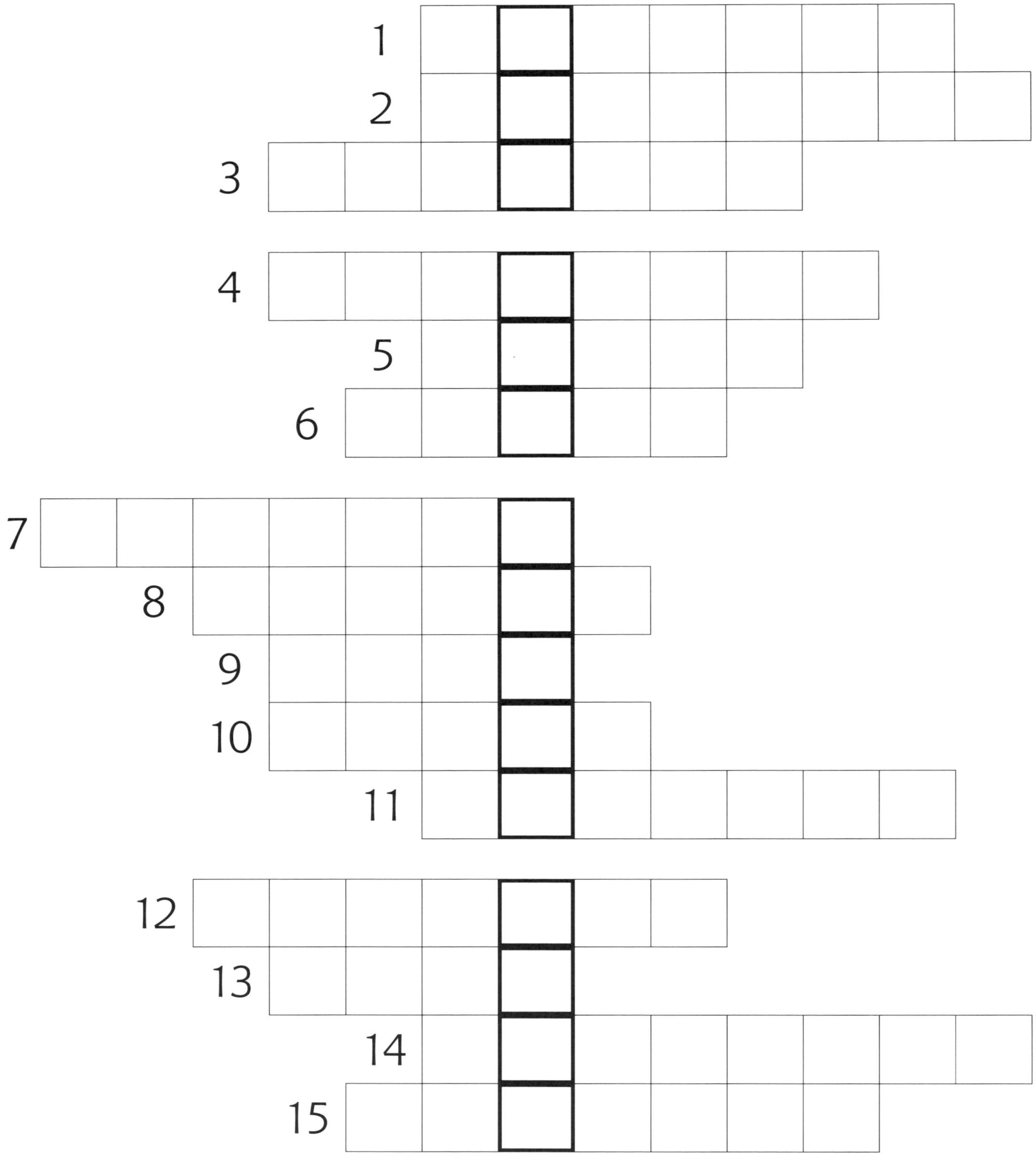

Lösung: ____________________

Name:

Datum:

Tierische ABC-Gedichte

7

____

A ______________________ N ______________________

B ______________________ O ______________________

C ______________________ P ______________________

D ______________________ Q ______________________

E ______________________ R ______________________

F ______________________ S ______________________

G ______________________ T ______________________

H ______________________ U ______________________

I ______________________ V ______________________

J ______________________ W ______________________

K ______________________ X ______________________

L ______________________ Y ______________________

M ______________________ Z ______________________

Name:

Datum:

8

Lesen, malen und schreiben

Dodo kann tolle Tricks.

Er balanciert einen bunten Ball auf der Nase.

Die Pflegerin hat Fische in ihrem Eimer.

Sie gibt Dodo einen.

Name:

Datum:

Lesen, malen und schreiben

8

Dodo, der Seehund, kann eine Menge Kunststücke.

Am liebsten balanciert er einen Ball auf seiner Nase. Der Ball ist gelb mit roten Punkten. Im blauen Wasser liegt noch ein zweiter bunter Ball.

Kathi, seine Pflegerin, belohnt Dodo, wenn er sich Mühe gegeben hat. Sie hat einen ganzen Eimer voller Fische, die frisst der Seehund für sein Leben gern. Den nächsten Fisch hat Kathi schon in der Hand.

Als nächstes soll Dodo durch einen grünen Ring springen. Der Ring liegt schon am Rande des Beckens bereit.

Name:

Datum:

Fell, Federn, Schuppen oder was?

9

Fell

Federn

Schuppen

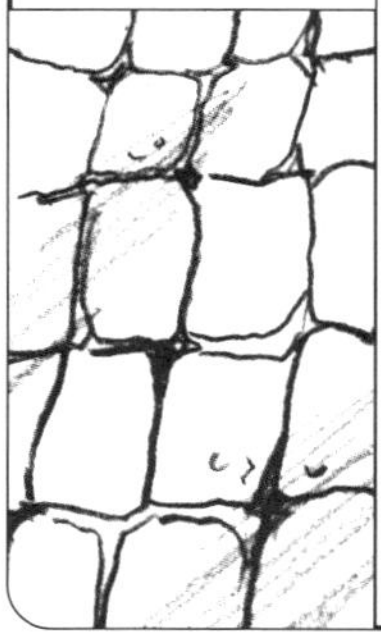

???

Adler, Affe, Eidechse, Emu, Eule, Fisch, Flamingo, Frosch, Känguru, Krokodil, Lama, Löwe, Papagei, Pinguin, Schildkröte, Schlange, Seehund, Spinne, Storch, Tiger, Zebra

Name:

Datum:

Laufen, fliegen, schwimmen

10

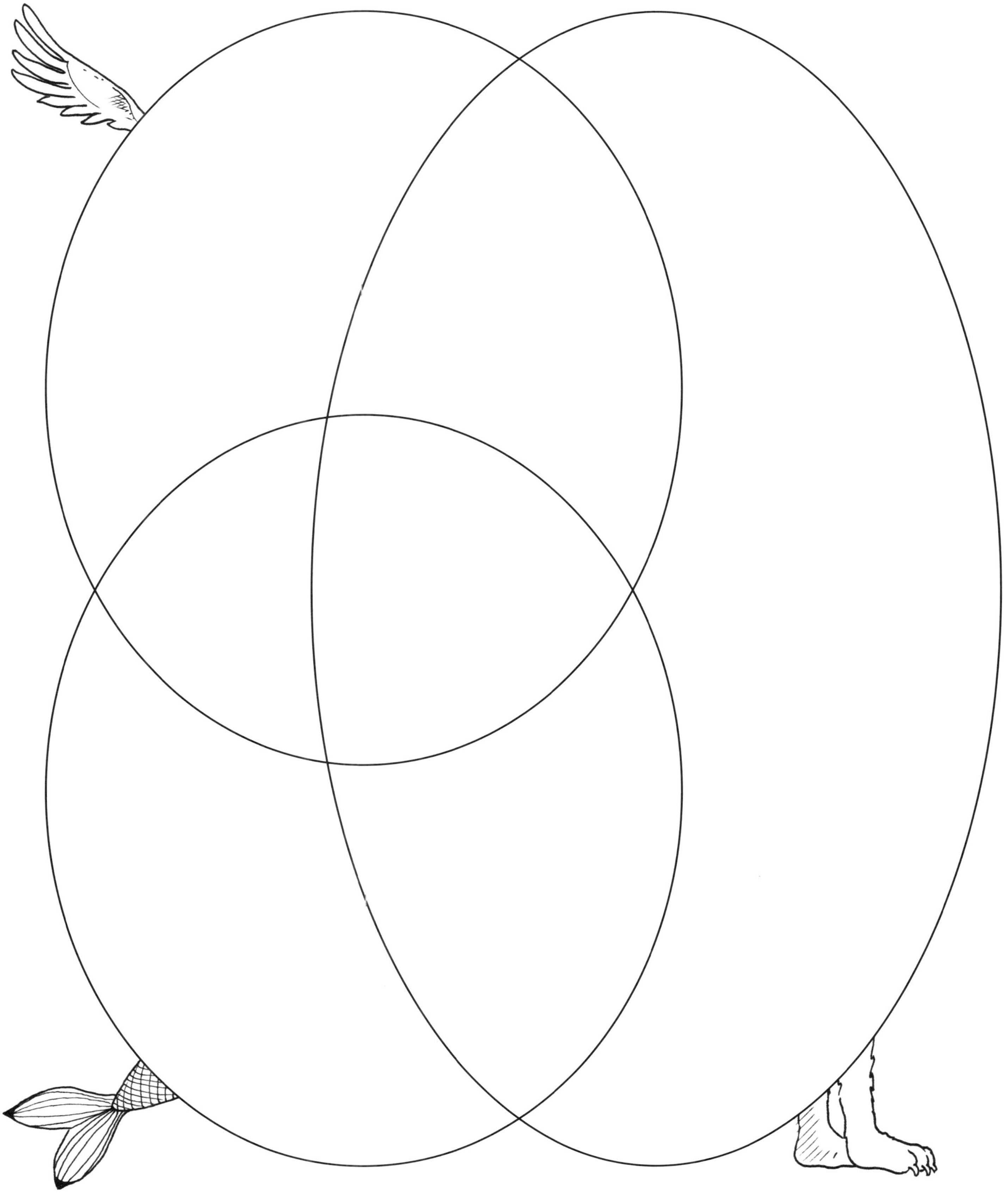

Name:

Datum:

Eigenschaften

11

Schnabel					X	
Maul						
scharfe Zähne						
Ohren						
Rüssel						
Höcker						
Fell						
Federn						
Flügel						
Flossen						
lange Beine						
langer Hals						
Schwanz						
Fleischfresser						
Pflanzenfresser						
legt Eier						
fliegt						
schwimmt						

Name:

Datum:

Futter

12

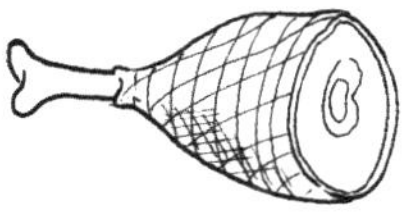

Fleisch

Fisch

Heu

Blätter

Name:

Datum:

Gemeinsamkeiten

13

Dieses Tier hat keine Zähne.

Dieses Tier legt Eier.

Dieses Tier kommt aus Australien.

Dieses Tier kann gut schwimmen.

Dieses Tier kann fliegen.

Dieses Tier frisst andere Tiere.

Dieses Tier kann auf Bäume klettern.

Dieses Tier kann schnell laufen.

Name:

Datum:

Tiergehege

14

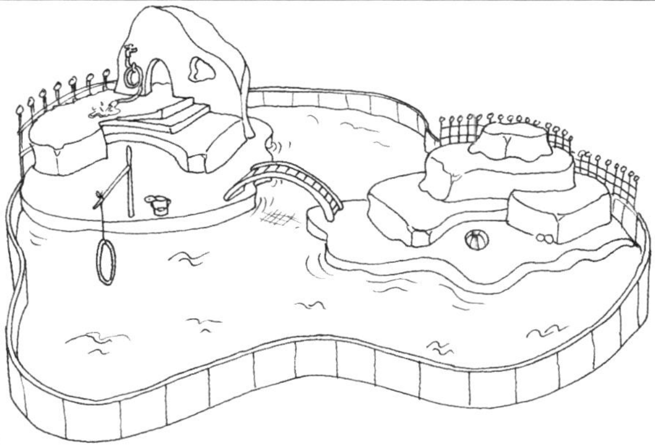

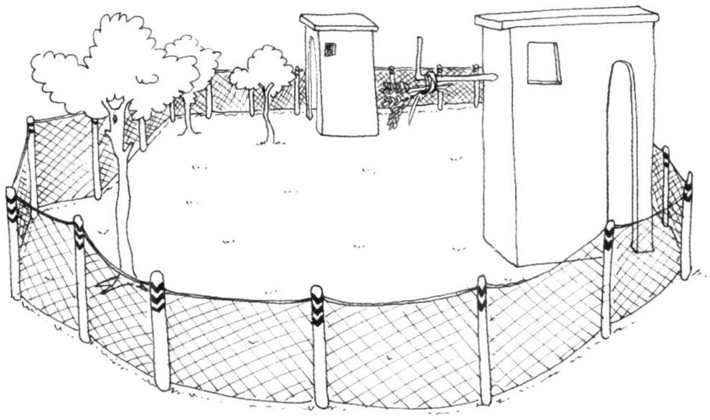

Name:

Datum:

Heimat der Tiere

15

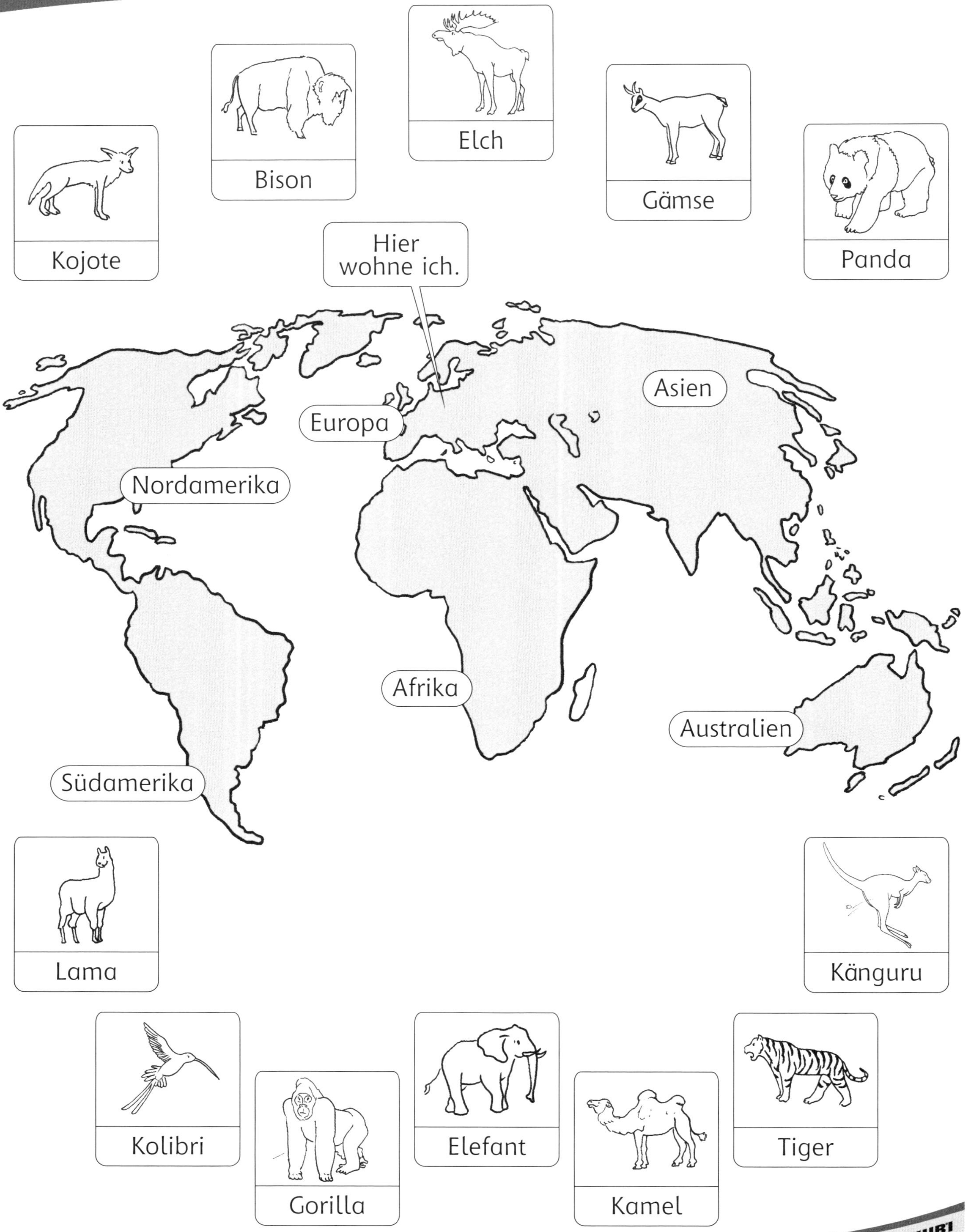

Name:

Datum:

Die Affen

die Affen sind dem Menschen am ähnlichsten
es gibt viele verschiedene Arten manche sind so
klein wie eine Maus andere Affenarten können
Menschen überragen einige Arten haben einen
langen Schwanz damit können sie sich an Ästen
festhalten viele Affen leben in Gruppen wie in
einer Familie

Die Affen

Name:

Datum:

17

Steckbrief für ____________________

Aussehen

Ernährung

Fortpflanzung

Besonderheiten

Heimat

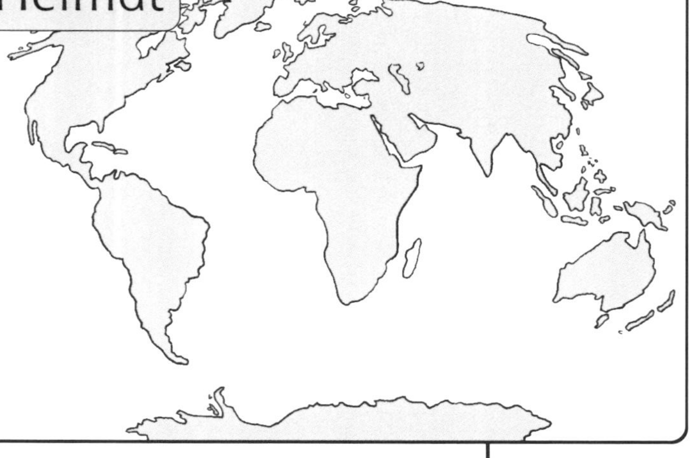

So ein merkwürdiges Tier hatte ich noch nie gesehen!

„Steig auf meinen Rücken“, sprach der Adler und flog mit mir …

Als ich aus dem Streichelzoo kam, sah ich meine Eltern nicht mehr.

„Wenn du mich befreist“, sprach der Bär,

„verspreche ich dir …

Name:

Datum:

Seltsame Tiere

Ein Ziefant ist vorne eine Ziege und hinten ein Elefant.

__________ ist vorne __________ und hinten __________.

__________ ist vorne __________ und hinten __________.

__________ ist vorne __________ und hinten __________.

__________ ist vorne __________ und hinten __________.

__________ ist vorne __________ und hinten __________.

__________ ist vorne __________ und hinten __________.

__________ ist vorne __________ und hinten __________.

__________ ist vorne __________ und hinten __________.

__________ ist vorne __________ und hinten __________.

__________ ist vorne __________ und hinten __________.

Seltsame Tiere
Vorlagenblatt

19

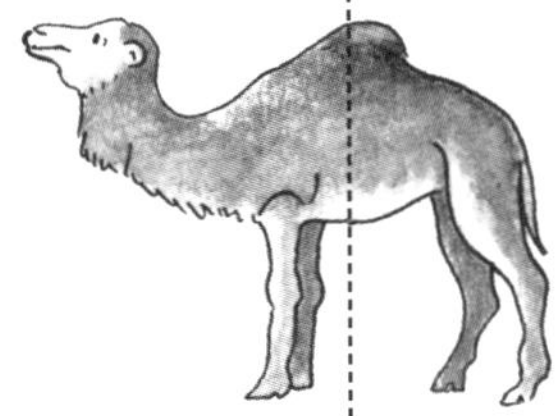
Drome-dar

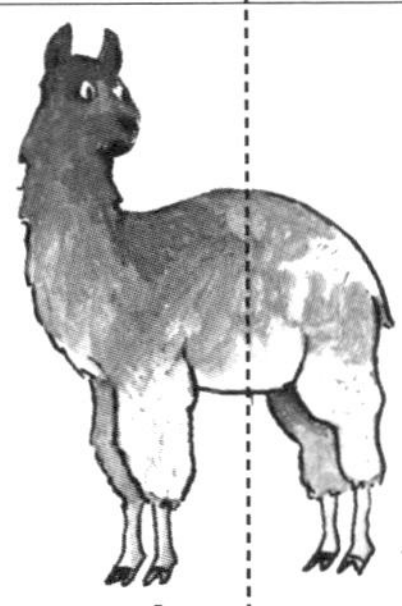
La-ma

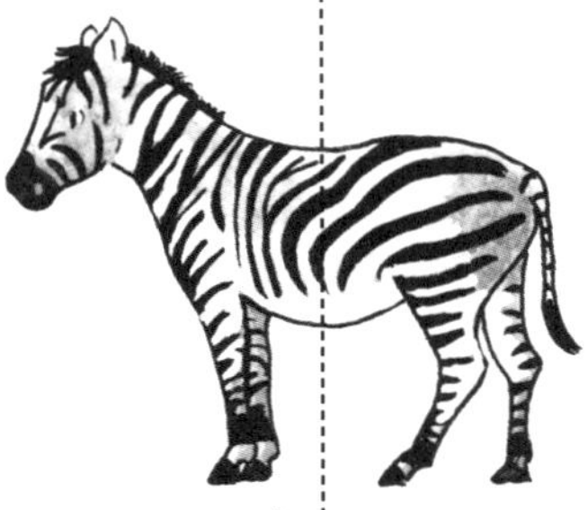
Zeb-ra

Nas-horn

Ele-fant

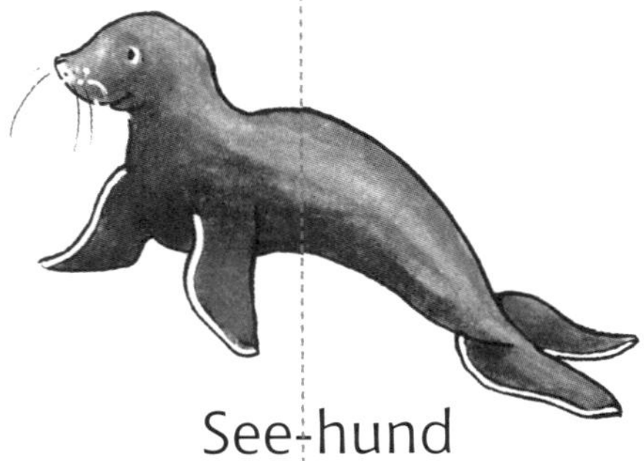
See-hund

Zie-ge

Peli-kan

Af-fe

Del-fin

Name:

Datum:

20

Ein Wort zu viel

Im Zoo kann du man viele Tiere sehen.

Die Kängurus kommen aus Australien über.

Sie haben kräftige Beine, mit denen lange sie weite Sprünge machen können.

Ihre Jungen Alten wachsen in einem Beutel am Bauch auf.

Die Tiger kommen aus Asien und wollen gehören zu den Katzen.

Aber streicheln besser sollte man sie nicht!

Giraffen sind in Afrika im zu Hause.

Niemand hat haben so lange Beine und einen so langen Hals wie sie.

Ein zuletzt Tag im Zoo ist spannend.

Dazu manche kann man viel über Tiere lernen.

Kontrolle und Zusätze

Name	1	2	3	4	5	6	7	8	9	10	11	12	13	14	15	16	17	18	19	20
	Zootiere	Lesekarten: Ein Tag im Zoo	Eintrittspreise	Wege im Zoo	Kartenspiel	Tier-Quiz	Tierische ABC-Gedichte	Lesen, malen und schreiben	Fell, Feder, Schuppen oder was?	Laufen, fliegen, schwimmen	Eigenschaften	Futter	Gemeinsam-keiten	Tiergehege	Heimat der Tiere	Die Affen	Steckbrief für …	Zoo-geschichten	Seltsame Tiere	Ein Wort zu viel

Werkstattpass

Name:

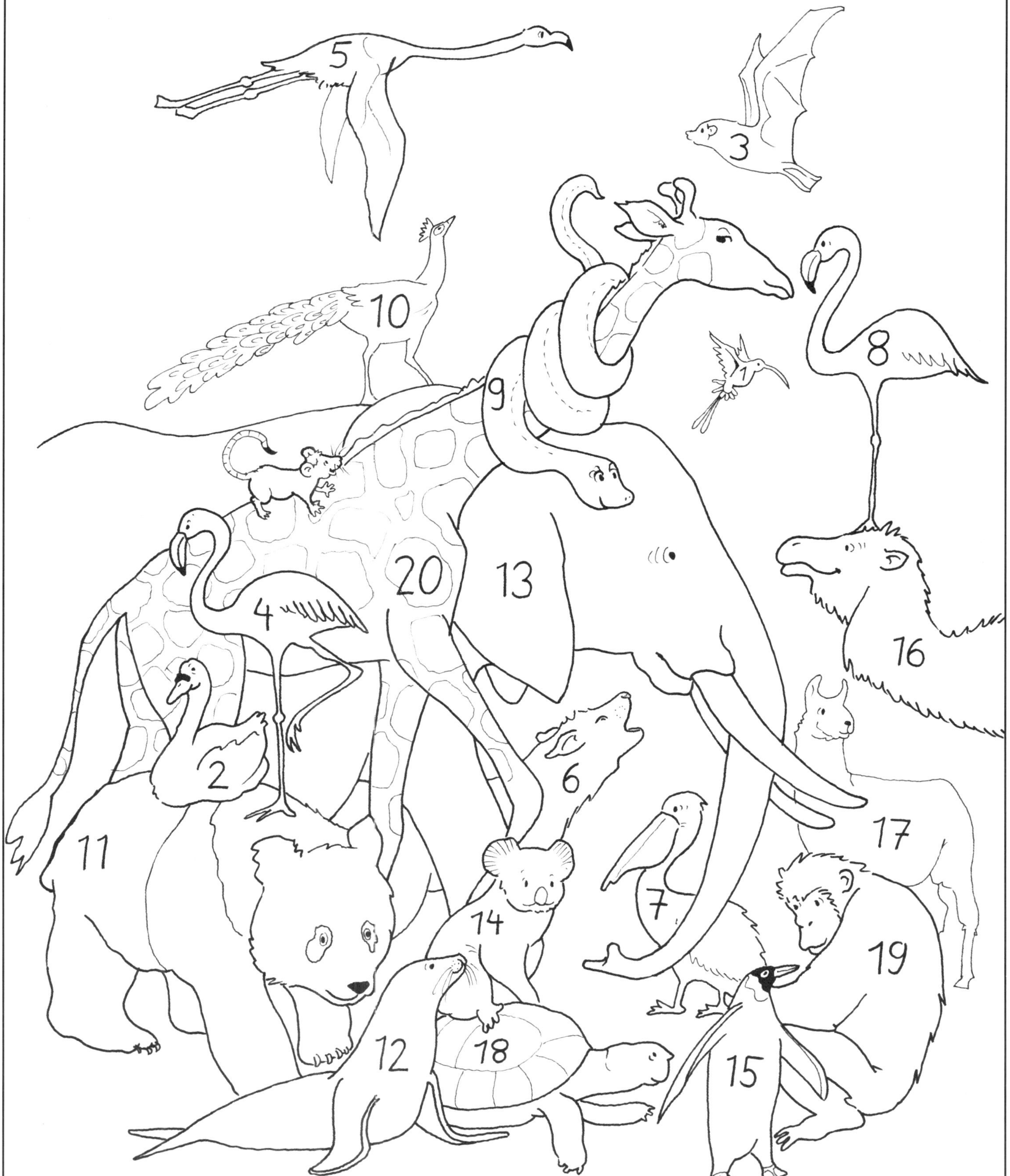

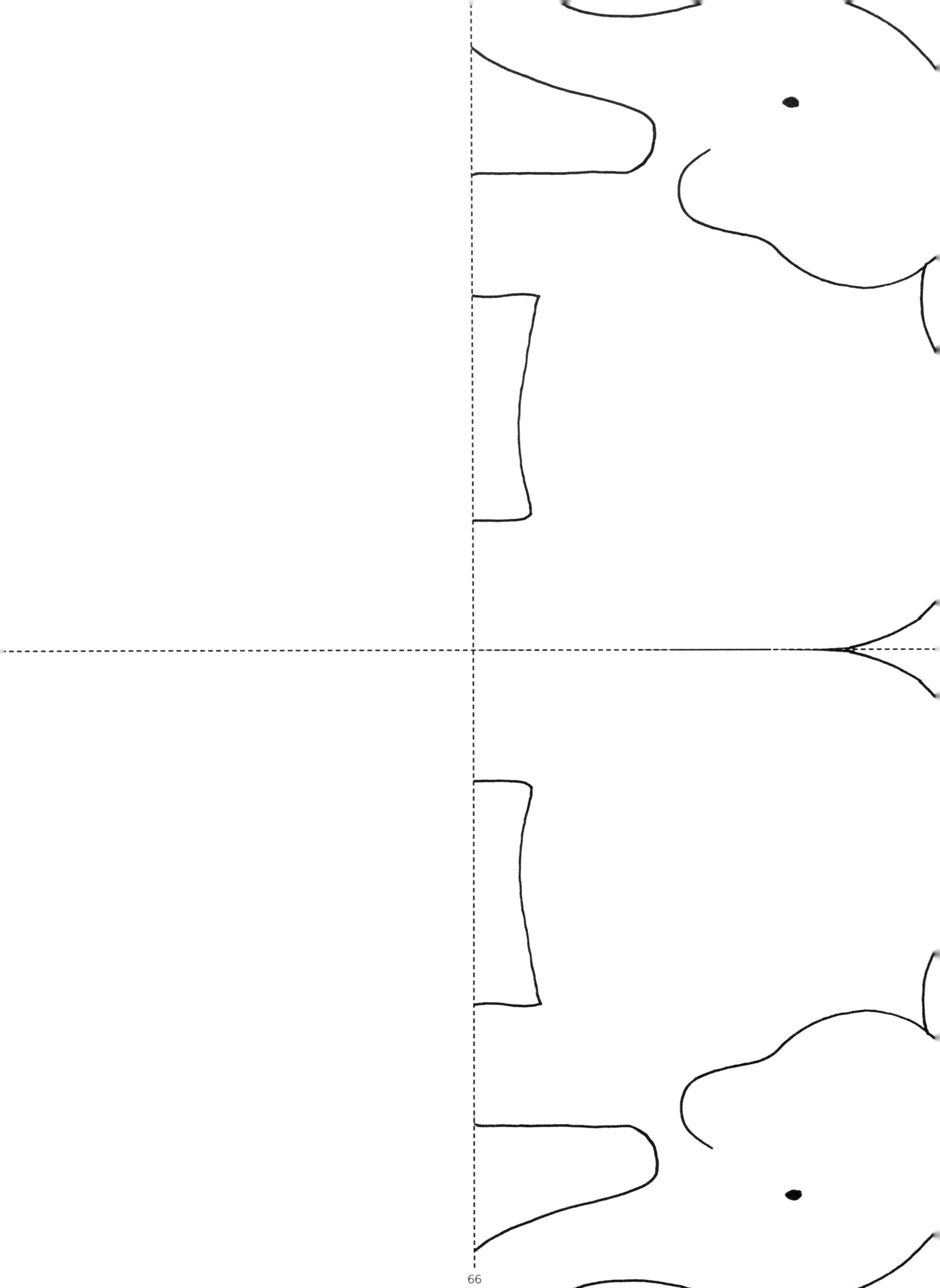

Anhänge und Extras

Bewegungsspiel: Wir gehen auf Bärenjagd!

„Wir gehen auf Bärenjagd und wir haben keine Angst."

Auf der Stelle gehen.

„Plötzlich kommen wir an einen Sumpf."

Hand über die Augen halten, in die Ferne schauen.

„Drüber können wir nicht."

Arme machen eine weite Bewegung über „etwas" hinaus.

„Drunter können wir nicht."

Arme machen eine weite Bewegung unter „etwas" hindurch.

„Rechts herum können wir nicht. Links herum können wir nicht."

Arme machen eine weite Bewegung nach rechts, links um „etwas" herum.

„Wir müssen mitten durch."

Entsprechende Gehbewegungen machen, als ob das Gehen durch den Sumpf schwer fallen würde.

Weitere Szenen – auf der Wiese, im Urwald, am See, am Fluss, im Feuer, im Schneesturm – Texte und Bewegungen können gemeinsam erdacht und auch mit Geräuschen unterlegt werden.

Höhepunkt und Schlussszene des Bewegungsspiels ist die „dunkle Höhle":
„Was ist das?"
„Eine feuchte Nase. Ein weiches Fell. Ein heißer Atem."
Alle rufen: „Es ist ein Bär! Schnell zurück durch die Höhle!"

Alle Szenen werden nun in umgedrehter Reihenfolge durchgeführt und am Schluss heißt es:
„Türe auf, Treppe rauf, Türe zu, jetzt ist Ruh!"

Alle lassen sich erschöpft auf ihre Stühle sinken.

Tierschöpfung: Glühhirnchen

„Harmlose Lampenschirmer; sie bewegen sich sehr langsam und fast lautlos. Gezähmt verbreiten sie ein angenehmes Licht über Tisch und Bett. Schon aus großen Entfernungen leicht erkennbar an ihren hellen Köpfchen. Ihre Urheimat ist das Osramische Reich, doch ihre Leuchtkraft erlangten sie erst später im Abendland."

(Kurt Halbritter: Halbritters Tier- und Pflanzenleben)

Tierschöpfung: Seekännchen

„Ein harmloses und gar possierliches Meerestier, das bei Zottpott die Küstengewässer bevölkert. Sehr zahm und zutraulich. Ein nützliches Tier, wenn in rechten Händen. Sprichwort: Ein Zottpotter ohne Seekännchen ist keiner."

(Kurt Halbritter: Halbritters Tier- und Pflanzenleben)

Laufen, fliegen, schwimmen

Tierkarten

10

Eisbär	Krokodil	Giraffe	Känguru	Panda	Nilpferd	Delfin
Papagei	Affe	Storch	Pinguin	Schwan	Kamel	Fleder- maus
	Ente	Schild- kröte	Pelikan	Schlange	Seehund	fliegender Fisch

Eisbär Krokodil Giraffe Känguru Panda Nilpferd Delfin
Papagei Affe Storch Pinguin Schwan Kamel Fleder- maus
Ente Schild- kröte Pelikan Schlange Seehund fliegender Fisch

Eisbär Krokodil Giraffe Känguru Panda Nilpferd Delfin
Papagei Affe Storch Pinguin Schwan Kamel Fleder- maus
Ente Schild- kröte Pelikan Schlange Seehund fliegender Fisch

Ein Tag
im
ZOO

Zoo

Bären

Eintritt

Spielplatz

Affen

Aquarium

Elefant

Streichelzoo

Ein Tag
im
ZOO

Zoo

Bären sehen kuschelig aus,
aber sie können
sehr gefährlich sein.
Gut, dass hier ein Graben ist.

Das Eintrittsgeld
für den Zoobesuch
bezahlt man an
der Kasse.

Zwischendurch ist es
auch toll, wenn man
selbst wie ein kleiner
Affe klettern darf.

Es ist lustig zu beobachten,
wie die Affen einander necken.
Von allen Tieren
sind sie den Menschen
am ähnlichsten.

Im Aquarium bestaunt
die ganze Familie
die wunderschönen,
bunten Fische.

Der Elefant freut sich
im Sommer
über die Abkühlung.

Die Tiere im Streichelzoo
sind nicht gefährlich.
Deshalb dürfen die Kinder
sie auch vorsichtig streicheln.

Adler
(Seeadler)

Länge:	244 cm
Gewicht:	6 kg
Alter:	45 Jahre
Zähne:	0
Geschwindigkeit:	65 km/h

Elefant
(Afrikanischer Elefant)

Länge:	400 cm
Gewicht:	6000 kg
Alter:	69 Jahre
Zähne:	26
Geschwindigkeit:	35 km/h

Flamingo

Länge:	165 cm
Gewicht:	2,8 kg
Alter:	25 Jahre
Zähne:	0
Geschwindigkeit:	60 km/h

Bär
(Braunbär)

Länge:	280 cm
Gewicht:	640 kg
Alter:	30 Jahre
Zähne:	42
Geschwindigkeit:	64 km/h

Emu

Länge:	180 cm
Gewicht:	40 kg
Alter:	10 Jahre
Zähne:	0
Geschwindigkeit:	48 km/h

Gazelle
(Thomson-Gazelle)

Länge:	110 cm
Gewicht:	28 kg
Alter:	12 Jahre
Zähne:	32
Geschwindigkeit:	60 km/h

Delfin
(Gr. Tümmler)

Länge:	400 cm
Gewicht:	500 kg
Alter:	28 Jahre
Zähne:	bis 100
Geschwindigkeit:	45 km/h

Faultier

Länge:	85 cm
Gewicht:	8 kg
Alter:	40 Jahre
Zähne:	18
Geschwindigkeit:	0,150 km/h

Geier
(Bartgeier)

Länge:	300 cm
Gewicht:	7 kg
Alter:	40 Jahre
Zähne:	0
Geschwindigkeit:	130 km/h

Gepard

änge:	⟷	130 cm
ewicht:		70 kg
lter:		16 Jahre
ähne:		30
eschwindigkeit:		120 km/h

Känguru

(Rotes Riesenkänguru)

Länge:	↕	160 cm
Gewicht:		82 kg
Alter:		20 Jahre
Zähne:		32
Geschwindigkeit:		88 km/h

Leopard

Länge:	⟷	190 cm
Gewicht:		80 kg
Alter:		20 Jahre
Zähne:		30
Geschwindigkeit:		60 km/h

Giraffe

änge:	↕	580 cm
ewicht:		800 kg
lter:		25 Jahre
ähne:		32
eschwindigkeit:		50 km/h

Krokodil

(Nilkrokodil)

Länge:	⟷	550 cm
Gewicht:		600 kg
Alter:		80 Jahre
Zähne:		64
Geschwindigkeit:		20 km/h

Löwe

Länge:	⟷	240 cm
Gewicht:		260 kg
Alter:		25 Jahre
Zähne:		30
Geschwindigkeit:		75 km/h

Kakadu

(Gelbhaubenkakadu)

änge:		100 cm
ewicht:		0,950 kg
lter:		80 Jahre
ähne:		0
eschwindigkeit:		60 km/h

Lama

Länge:	⟷	220 cm
Gewicht:		155 kg
Alter:		20 Jahre
Zähne:		32
Geschwindigkeit:		56 km/h

Nashorn

(Breitmaulnashorn)

Länge:	⟷	500 cm
Gewicht:		3600 kg
Alter:		40 Jahre
Zähne:		26
Geschwindigkeit:		50 km/h

Nilpferd

Länge:	350 cm
Gewicht:	1600 kg
Alter:	50 Jahre
Zähne:	40
Geschwindigkeit:	48 km/h

Python
(Tigerpython)

Länge:	700 cm
Gewicht:	80 kg
Alter:	30 Jahre
Zähne:	bis 180
Geschwindigkeit:	6 km/h

Tiger

Länge:	260 cm
Gewicht:	190 kg
Alter:	25 Jahre
Zähne:	30
Geschwindigkeit:	60 km/h

Pelikan
(Braunpelikan)

Länge:	220 cm
Gewicht:	4 kg
Alter:	60 Jahre
Zähne:	0
Geschwindigkeit:	56 km/h

Seelöwe
(Kalifornischer Seelöwe)

Länge:	220 cm
Gewicht:	260 kg
Alter:	28 Jahre
Zähne:	34
Geschwindigkeit:	40 km/h

Wolf

Länge:	205 cm
Gewicht:	40 kg
Alter:	20 Jahre
Zähne:	42
Geschwindigkeit:	60 km/h

Pinguin
(Kaiserpinguin)

Länge:	120 cm
Gewicht:	30 kg
Alter:	25 Jahre
Zähne:	0
Geschwindigkeit:	36 km/h

Schildkröte
(Seychellen-Riesenschildkröte)

Länge:	150 cm
Gewicht:	250 kg
Alter:	200 Jahre
Zähne:	0
Geschwindigkeit:	1 km/h

Zebra
(Steppenzebra)

Länge:	220 cm
Gewicht:	360 kg
Alter:	28 Jahre
Zähne:	bis 40
Geschwindigkeit:	60 km/h

TIER-Quiz 1

Ich komme aus Afrika.
Ich bin sehr lang und
ich habe auch einen
sehr langen Hals.
So kann ich leicht
in hohen Bäumen Blätter
oder Früchte fressen.

TIER-Quiz 2

Wir kommen in der ganzen
Welt vor.
Es gibt 2500 Arten von uns.
Wir haben alle keine Beine
und keine richtigen Ohren.
Aber wir können gut sehen.
Manche von uns sind giftig.
Kannst du dir vorstellen,
dass Menschen aus unserer
Haut Handtaschen machen?

TIER-Quiz 3

Ich lebe in Afrika.
Ich habe eine sehr dicke Haut. Sie schützt mich vor Dornen.
Am liebsten fresse ich Blätter, Zweige, Gräser.
Ich habe ein oder zwei Hörner auf der Nase.

So sieht mein Auge aus.

TIER-Quiz 4

Ich bin ein Vogel.
Ich habe einen langen Hals, lange Beine und schöne schwarz und rosa gefärbte Federn.
Mein Schnabel ist wie ein Sieb. Damit kann ich kleinste Tiere aus dem Wasser filtern.

TIER-Quiz 5

Eigentlich gibt es zwei Arten von uns.
Wenn ich nur einen Höcker habe, bin ich ein Dromedar.
Wenn ich zwei Höcker habe, nennt man mich auch Trampeltier.
Ich lebe in Nordafrika und Asien.

TIER-Quiz 6

Ich lebe in Asien.
Katzen sind mit mir verwandt.
Ich jage meist Antilopen, Wildrinder oder Hirsche.

Meine Tatzen sehen weich aus – aber sie sind sehr gefährlich!

TIER-Quiz 7

Mich gibt es in Afrika und Asien.
Meine Nase ist etwas Besonderes. Ich kann damit riechen und tasten. Und ich kann damit sogar Dinge anfassen wie mit einer Hand.
Das ist mein Schwanz.

TIER-Quiz 8

Ich lebe im Wasser,
aber ich bin kein Fisch.
Ich kann unter Wasser nicht atmen, denn ich habe Lungen.
Ab und zu komme ich an die Wasseroberfläche, um Luft zu holen.
Ich gehöre zu den Walen.

So sieht mein Auge aus.

TIER-Quiz 9

Oft werde ich „König der Tiere“ genannt. Am liebsten faulenze ich im Schatten. Das mache ich fast den ganzen Tag. Ansonsten jage ich zum Beispiel Zebras, Gnus oder Antilopen.

Das sind meine spitzen Zähne.

TIER-Quiz 10

Wir leben in Afrika und sind verwandt mit den Pferden.

Unsere Streifen sind etwas Besonderes. Jeder von uns hat andere Streifen. Wie bei den Menschen der Fingerabdruck.

TIER-Quiz 11

Ich lebe an Meeresstränden. Man findet mich in Europa, Grönland und Nordamerika. Meine Hinterbeine sind wie Paddel. Damit kann ich prima schwimmen. Ich fresse Fische, Krebse und Tintenfische.

TIER-Quiz 12

Ich bin ein Vogel. Ich kann gut klettern. Dazu habe ich rechts und links jeweils vier Zehen. Manchmal nehme ich auch meinen Schnabel zu Hilfe. Mit dem Schnabel kann ich auch Samen und Früchte knacken.

TIER-Quiz 13

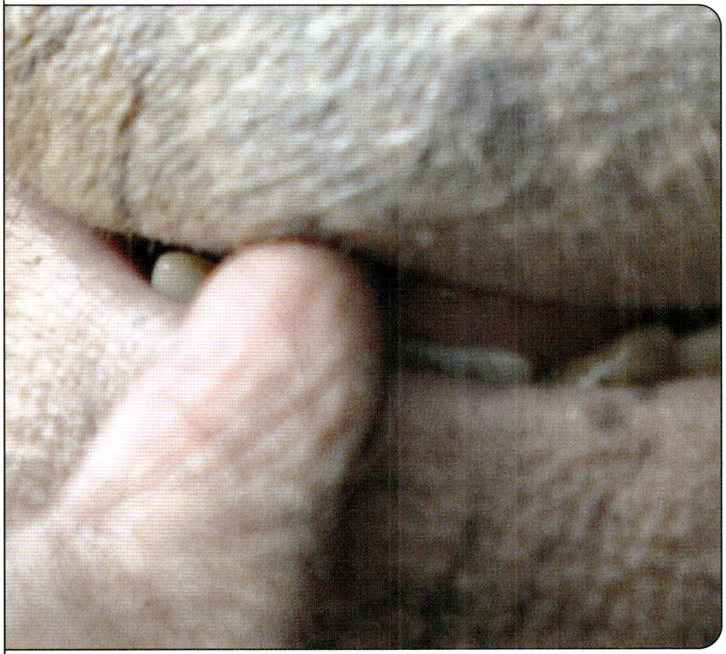

Uns gibt es in ganz verschiedenen Arten.
Wir haben die gleichen Vorfahren wie die Menschen.
Deshalb sind wir uns in vielen Dingen ähnlich.

Wie du siehst, lutschen wir sogar auch ab und zu am „Daumen“!

TIER-Quiz 14

Ich lebe in Afrika.
Ich werde bis zu 7 m lang.

Mit meinen spitzen Zähnen töte und fresse ich Antilopen, Giraffen, Büffel, junge Flusspferde und andere Tiere.

TIER-Quiz 15

Ich komme aus Australien.
Wenn mein Junges noch klein ist, trage ich es in einem Beutel mit mir.
Ich habe kräftige Hinterbeine. Damit kann ich sehr weit springen.
Mit meinem starken Schwanz stütze ich mich ab.

TIER-Quiz